ENCUENTRO CON LAS ESCRITURAS

Como Los Primeros Amigos

Autor: Michael Birkel

Traductora: Dinora Uvalle-Vazquez

and
Earlham Press
Richmond, Indiana

Encuentro con las Escrituras, como los primeros Amigos

Copyright ©2007 Michael Birkel

Publicado de Friends United Press, 101 Quaker Hill Drive, Richmond, IN 47374 and Earlham Press, 801 National Road West, Richmond, IN 47374.

Derechos reservado. No se permite la reproducción total o parcial de este libro sin el permiso escrito del editor.

Diseño de la portada: Shari Pickett Veach

Library of Congress Cataloging-In-Publication Data

Birkel, Michael Lawrence.
  [Engaging Scripture. Spanish]
  Encuentro con las Escrituras / autor, Michael Birkel ; traductora, Dinora Uvalle-Vazquez.
        p. cm.
  Includes bibliographical references.
  ISBN 978-0-944350-70-6 (pbk.:alk. paper) 1. Spirituality--Society of Friends-History. 2. Bible-Devotional use-History. I. Title.
  BX7738.B5618 2007
  220.6088'2896-dc22

2007001820

ÍNDICE

Prólogo 5

Prefacio 9

Introducción. 11

Capítulo 1: Leer interiormente 15

Capítulo 2: Leer y recordar 23

Capítulo 3: Leer y reflexionar 35

Capítulo 4: Leer juntos 47

Capítulo 5: Leer para ser transformado 53

Apéndice: Epístolas de Margarita Fell 59

Bibliografía 67

Prólogo

La palabra de Dios es poderosa, cuando viene a nosostros estamos prontos a escuchar. Más que escuchar, debemos responder. Cuando lo hacemos, es común descubrir que se abren nuevas puertas y oportunidades. Esta explicación sencilla es la descripción más veraz que puedo dar sobre por qué este libro es publicado en español.

En el 2004, yo recibí la dirección del Espíritu Santo para utilizar medio año sabático del seminario de la Escuela de Religión de Earlham (ESR) para aprender español y viajar a la iglesia de los Amigos en Centroamérica. (ESR es un seminario de post-grado de los Amigos para preparar hombres y mujeres para el ministerio. Lo mayoría de nuestros estudiantes son de Norteamérica.) Cuando llegué a Centroamérica, los Amigos latinos me preguntaron "¿por qué lo estás haciendo? La respuesta más veraz que pude dar fue "la direccíon del Espíritu Santo." Yo no sabía como el estudio o el viaje me afectarían a mí o a mi ministerio. Aún ahora, no tengo una respuesta completa a esta pregunta. Yo sé, sin embargo, que se abrieron las puertas y continuarán abriéndose ahora.

El primer viaje a Centroamérica condujo a otro, esta vez acompañado por los profesores y el personal de ESR. Diecisiete de nosotros pasamos diez días en Honduras. Estudiamos español en una escuela allí, y con la ayuda de hermano Bernabé Sánchez, visitamos, conversamos y compartimos con Amigos de la Junta Anual de Honduras. Aunque las barreras ligüísticas todavía estaban presentes, con alegría trabajamos el uno con el otro para comunicarnos. Para las conversaciones del grupo y las presentaciones públicas, dependiamos de Manuel Guzmán como nuesto intérprete.

Nuestros nuevos amigos hondureños me recuerdan a Hebreos 12:1, que utiliza la imagen maravillosa de una "nube de testigos" cuando describe la vida de la fe. La imagen nos recuerda a los lectores que no hacemos este peregrinaje solos. Muchos otros nos precedieron. Muchos otros creyentes nos acompañan en este viaje ahora. En este viaje a Centroamérica, el grupo de ESR encontró una porción de la "nube de testigos" que no conocíamos previamente.

Para mí, una de las alegrías más grandes de la vida es conocer a miembros de la "nube de testigos." Gozo compartir con ellos; pero aún más me encanta escuchar sus historias y aprender de ellos. Después de todo si Dios es el padre de todos nosotros, este encuentro es como una reunión de hermanos y hermanas a quienes nunca antes había conocido. El amor de los Amigos de Centroamérica para Dios es profundo. Sus reuniones de adoración son ricas y edificantes. Su compromiso con el Evangelio de Jesucristo es refrescante e inspirador.

El grupo de ESR regresó a su hogar, enriquecido con la experiencia. Nos preguntamos que otros posibles pasos podríamos tomar para continuar construyendo relaciones con los Amigos en Centroamérica. Recuerdo que Bernabé Sánchez había mencionado que sería mejor tener más recursos escritos en español. Stephanie Crumley-Effinger, una profesora del seminario de ESR, sugirió que el libro de Michael Birkel, *Engaging Scripture*, sería un buen primer proyecto para traducir. Es un libro que combina el amor por la Biblia con una manera de leer las Escritura inspirada por los primeros Amigos que eran parte de esta misma "nube de testigos." Esta sugerencia plantó un semilla que creció en en la traducción de este libro.

Este libro representa por lo menos tres cosas. Primero, es una continuación de los esfuerzos de ESR de ser fiel a la dirección del Espíritu Santo con respecto a construir relaciones con los Amigos en Centroamérica. Deseamos esta relación para un mutuo beneficio, pues ambos grupos tienen recursos profundos para compartir el uno con el otro. Segundo, este proyecto es un esfuerzo directo del seminario ESR de ser un recurso para la educación y el ministerio de los Amigos alrededor del mundo. Para hacer esto bien, necesitaremos una visión más amplia de servir más alla de las fronteras de los Estados Unidos de Norteamérica o del habla inglesa. Tercero, este proyecto del libro representa el tipo de cooperación que puede construir relaciones más fuertes a través de la red ancha de la Iglesia de los Amigos. Muchos grupos y personas han estado implicados en este proyecto. Lo más visibles son Michael Birkel como autor y traductor y Dinora Uvalle-Vázquez como traductora de este libro. Su trabajo reúne dos culturas—un cuáquero del medio oeste de EE.UU con una cuáquera mexicana. (Con alegría noto que cada uno es un graduado del ESR!) El libro es un producto tangible de las conversaciones entre los Amigos hondureños y el seminario de la Escuela de Religión de Earlham. Este proyecto también incluye la Universidad de Earlham, representada en este esfuerzo por el Centro Newlin para las estudios Cuáqueros y junto con el apoyo de la Junta Unida de Amigos. Este es un proyecto diseñado para ministrar al cuerpo más ancho de los Amigos.

Los Amigos tienen mucho que compartir el uno con el otro. Con la ayuda de Dios, ojalá pueda haber muchas más oportunidades como ésta mientras que todos contribuyamos a la gran "nube de testigos."

Jay Marshall
Decano, Earlham Escuela de Religion

PREFACIO

Constituye una grande satisfacción para mí el iniciar con las primeras palabras de este libro excepcional. Michael Birkel combina en el su erudición bíblica y su sapiencia sobre escritos Cuáqueros. Tal y como el título lo anticipa, la lectura llevará al lector a recordar muchos pasajes de la Biblia así como a conocer otros textos de autores Cuáqueros.

La lectura de cualesquier texto siempre entraña interpretación. La lectura de las Escrituras no es la excepción. Lo mismo la lectura de los textos Cuáqueros. Entendiendo que todos los textos están ubicados en un contexto histórico específico y que el conocimiento de dicho contexto ayuda sobremanera a una correcta interpretación del texto, nos admiramos sobre como los textos bíblicos se insertan en otros contextos históricos, como el de los primeros Amigos, sin que la interpretación varíe.

Michael tiene la virtud de percatarse de cómo las Escrituras eran utilizadas por los primeros Amigos de una manera oportuna para hablar de sus vivencias. El libro nos reta a conocer las Escrituras a profundidad para en consecuencia identificar el lenguaje bíblico en los textos de los primeros Amigos.

La traducción de este libro al español es muy valiosa ya que los Amigos hispano parlantes tenemos en muy alta estima a la Biblia. Las sagradas Escrituras son importantes para nosotros como una guía en nuestro diario vivir. De tal manera que somos recordados que la sola lectura del texto no conlleva en si misma fruto si no se hace de la manera adecuada. No se trata de leer solo por leer. Michael nos lleva de la mano del texto bíblico para leer hacia dentro de nosotros mismos y recordar por medio de nuestra lectura que estamos acompañados de una gran nube de testigos. Rescatando la tradición de la meditación, que es distintiva en el creer por nosotros los Cuáqueros, nos acompañamos de quienes nos antecedieron y también de quienes van con nosotros aun y cuando tengan diferentes tradiciones, ya que forman parte de la Iglesia Universal de Cristo. La finalidad mediata e inmediata de nuestra lectura, es ser transformados.

De tal suerte que el corolario de esta obra es crear maneras y formas de examinar las Escrituras juntamente con nuestro diario existir. Haciendo esto corroboraremos nuestra tradición cuáquera fijos por siempre en nuestras creencias cristianas. Hagamos votos para que la visión del autor reditúe en la perpetuación de nuestra herencia espiritual.

Manuel Guzmán-Martínez
Cuidad de México, México

Introducción

En el capítulo ocho de los Hechos, el apóstol Felipe fue guiado por el Espíritu Santo a acercarse a el carro de un funcionario de la reina de los etíopes. El etíope leía al profeta Isaías y Felipe le preguntó ¿entiendes lo que lees? Él dijo ¿como voy a poder si alguno no me enseña? (Hechos 8:26-31)

El funcionario etíope había venido a Jerusalén para adorar al Dios de Israel, leía las Escrituras, pero sabía que necesitaba a Felipe como un agente del Espíritu Santo para guiarle al entendimiento de la Biblia.

Esta historia es también la nuestra. Como el funcionario etíope, nosotros tenemos sed de la presencia de Dios. Emprendemos un viaje espiritual para acercarnos a Dios en adoración. Pero cuando abrimos la Biblia encontramos que necesitamos a alguien para guiarnos.

Como Cuáqueros tenemos una herencia de leer la Biblia reflexivamente, al igual que ellos, queremos leer en companía del mismo Espíritu Santo que ha dado las Escrituras. Entre los primeros Amigos la lectura de la Biblia no fue solamente una experiencia de información; sino también una experiencia de transformación, fue un método rico y hermoso. Por que los primeros

Amigos fueron suspicaces sobre formulas escritas de la vida espiritual, sintieron que tales fórmulas podrían convertirse en un mero substituto de la experiencia viva y de la guía del Espíritu Santo. Por ello no explicaron este método de la lectura de las Escrituras paso por paso. En vez de decirnos como leer las Escrituras reflexivamente nos muestran su método de leer en sus escritos, que son llenos de fragancias bíblicas. Reconociendo estas referencias bíblicas podemos aprender como ellos usan las Escrituras.

Estructura del libro

Este libro comienza con una carta pastoral de Jorge Fox que ofrece consuelo a los Amigos en persecución a causa de su fe. Se examinan las fuentes bíblicas usadas en esta epístola para comprender como Jorge Fox encuentra un lenguaje de la vida espiritual en las palabras bíblicas.

La historia de las Escrituras es vivida de nuevo en la experiencia del lector, encontrar las Escrituras es un encuentro de la presencia de Dios.

El siguiente capítulo analiza una porción de un tratado de Dorothy White, una de las primeras Amigas. Su escrito nos muestra como los primeros Amigos tejieron una red de imágenes bíblicas y de cómo ellos vivieron sus propias vidas entretejidas con la historia bíblica. El arte y la vitalidad de su escrito nos invita a tejer similarmente.

En los dos capítulos siguientes, hay sugerencias de leer la Biblia como lo hicieron los primeros Cuáqueros.

El capítulo tres ofrece un ejemplo de una lectura reflexiva de un Salmo. El capítulo cuatro sugiere un modo de leer las Escrituras en grupo.

En el último capítulo hay reflexiones sobre como este método de lectura puede enriquecer nuestras vidas hoy, puede engrandecer nuestra experiencia de oración, puede ofrecernos palabras para entender nuestra experiencia interior y puede invitarnos a ver el mundo de una manera bíblica.

El libro concluye con un apéndice de dos epístolas de Margarita Fell como ejemplo de la lectura de las Escrituras entre los primeros Amigos.

Leer interiormente

Roberto Barclay, uno de los primeros Amigos que en 1676 escribió lo que sigue a continuación, y que nos ayuda a entender como los primeros Amigos leían la Biblia:

"Dios juzgó a propósito, que en las Escrituras, como un espejo viéramos las condiciones y experiencias de los santos antiguos; porque viendo nuestra experiencia relacionada a las suyas; fuéramos más conformados y confortados...Esta es la obra grande de las Escrituras y su servicio a nosotros, que veamos que ellas sean implementadas en nosotros."

Leer las Escrituras es una invitación a aprender más sobre nuestras vidas espirituales, cuando las leemos es como si nos miráramos en un espejo y descubriéramos que nuestra vida interior es reflejada en la vida de nuestros antepasados bíblicos, sus experiencias se pueden comparar con las nuestras. Cuando leemos la Biblia, al mismo tiempo somos leídos por el mismo espíritu de Dios que inspiró las Escrituras.

Hay una relación entre la historia exterior de la Biblia y la vida interior o espiritual. La Biblia nos da un idioma para entender nuestras experiencias internas, por ejemplo, en la Biblia leemos la historia del éxodo, esta historia de liberación de la esclavitud. Cuando nosotros leemos esta historia, somos invitados a reflexionar sobre nuestra esclavitud interior; sobre ¿cual es la fuente de mi esclavitud?, ¿quiénes son el faraón y los egipcios para mí?; estamos invitados a reflexionar sobre cual es la liberación a la que Dios nos invita.

Para descubrir esta manera de leer las Escrituras, necesitamos leer los escritos de los primeros Amigos, prestando atención al uso de la Biblia. Por ejemplo, cuando leemos una de las epístolas de Jorge Fox, podemos escuchar la resonancia bíblica en ella, hay capas o niveles de significado bíblico en este escrito. Aun sin reconocer las fuentes bíblicas esta epístola es hermosa y conmovedora, pero cuando escuchamos el tono bíblico, podemos identificar significados más profundos.

El Cuaquerismo comenzó como un movimiento en la década de 1650 en Inglaterra, cuando el país estaba experimentando un cierto grado de libertad religiosa que fue revocada cuando la monarquía inglesa fue restaurada en la década siguiente. El gobierno decretó una serie de leyes para extinguir a los grupos religiosos disidentes como los Cuáqueros.

La epístola 227 que Jorge Fox escribió en el onceavo mes de 1663 durante el tiempo de una persecución severa contra los Cuáqueros; no se sabe exactamente a quien escribió; pero seguramente los receptores de esta epístola estaban sufriendo a causa de su fe. Jorge Fox escribió estas palabras de aliento a los Amigos que llenaban las cárceles inglesas.

Se ofrece una porción de esta epístola:

> *Canten y alégrense, hijos del día y de la Luz, Porque el Señor trabaja en esta noche densa de tinieblas que se palpan. La verdad florece como la rosa, los lirios crecen entre las espinas, las plantas encima de los montes, y sobre ellos los corderitos saltan y juegan.*

Esta es una carta inspiradora; pero una vez que comenzamos a apreciar la referencia bíblica en ella, es aún más hermosa. Ahora vamos a explorar e identificar estas fuentes bíblicas:

Canten y alégrense

Los primeros Amigos no se distinguían por su habilidad coral, por eso podemos asumir que Jorge Fox quería que reconociéramos esta referencia en Zacarías 2:10, el profeta declara estas palabras "Canta y alégrate, hija de Sion; porque aquí vengo, y moraré en medio de tí, ha dicho Jehová." El contexto de este versículo es una proclamación de esperanza y restauración. Antes del tiempo de Zacarías, el imperio Babilónico conquistó Jerusalén e hizo cautivos a muchos de sus ciudadanos. Zacarías les exhorta a los exiliados a escaparse, ser libres y regresar a Sion. A los que sufren todavía la esclavitud el profeta promete restauración y la presencia de Dios. Jorge Fox invitó a sus lectores que estaban en cautiverio a identificarse y que regresaran con cántico y regocijo, aún cuando estuvieran en prisión ellos pudieran conocer la presencia de Dios que moraba en ellos.

Hijos del día y de la luz

Aquí Jorge Fox se refiere a 1st de Tesalonicenses 5:5, "Porque todos vosotros sois hijos de la luz e hijos del día..." como "canten y alégrense" la fuente bíblica de este pasaje es un llamado resonante. La "Luz" fue fundamental en el vocabulario de los primeros Cuáqueros. La experiencia central religiosa de los primeros Amigos fue el encuentro con la Luz, el faro divino que nos muestra primeramente con poder aterrador nuestra capacidad para el pecado y después nos guía a un sentido de victoria, paz y comunidad.

En la epístola de Jorge Fox "Luz" como "día" contrasta con noche en la siguiente frase.

> *Porque el Señor trabaja en esta noche densa de tinieblas que se palpan*

La referencia bíblica en Éxodo 10:21, "... extiende tu mano hacia el cielo, para que haya tinieblas sobre la tierra de Egipto, tanto que cualquiera las palpe." Esta tiniebla fue una de las diez plagas de Egipto, una oscuridad tan densa que se le podía tocar; pero los fieles fueron protegidos. Como el texto de Zacarías, este es un mensaje de consuelo y esperanza. A pesar de la oscuridad, literalmente hablando, de las prisiones inglesas, los Amigos tenían la Luz en ellos, como los israelitas tenían la Luz.

La verdad florece como la rosa, los lirios crecen entre las espinas.

Este pasaje es un tejido de dos hilos bíblicos:

"Se alegrarán el desierto y la soledad; el yermo se gozará y florecerá como la rosa." (Isaías 35:1)

"Yo soy la rosa de Sarón, Y el lirio de los valles." (Cantares 2:1)

El pasaje de Isaías como el de Zacarías fue escrito para alentar a los exiliados. Hubo un vasto desierto entre Babilonia y Sion. Isaías no solo promete a Israel un regreso a su tierra natal; si no también proclama que aún el viaje mismo estará lleno de maravillas. El desierto florecerá, cantará y se alegrará. Notemos la similitud de los textos entre Isaías y Zacarías. Aquí otra vez hay esperanza para los exiliados, aquí otra vez hay una promesa de restauración y de una vida renovada para los que sufren.

Los Cantares por muchos siglos fue entendido como una celebración de amor entre Dios y los creyentes, como una descripción de experiencia íntima de la unidad con Dios. Así en pocas palabras, Jorge Fox habló de la liberación y de la intensa presencia de Dios, el amado del alma.

Las plantas encima de los montes

Esta frase hace eco a la respuesta del profeta Jeremías al sufrimiento que siguió a la conquista de Babilonia sobre Jerusalén. Tal como Judea estuvo en ruinas y los exiliados fueron obligados a marchar a la cautividad, Jeremías proclamó consuelo:

> "Jehová se manifestó a mí hace ya mucho tiempo, diciendo: Con amor eterno te he amado; por tanto, te prolongué mi misericordia. Aún te edificaré, y serás edificada, oh virgen de Israel; todavía serás adornada con tus panderos, y saldrás en alegres danzas. Aún plantarás viñas en los montes de Samaria; plantarán los que plantan, y disfrutarán de ellas." (Jeremías 31: 3-5)

Y sobre ellos los corderitos saltan y juegan

Otra doble referencia ocurre en esta frase, primero en Salmos 114 que recuenta la historia del éxodo, la salida del cautiverio de Egipto. El éxodo y el cruce del río Jordán hacia la tierra prometida después de 40 años de peregrinación en el desierto se ven casi como un solo evento, como dos aspectos de la actividad redentora de Dios.

En este Salmo 114 el mundo natural celebra el evento del éxodo con maravillas; la creación misma afirma el trabajo de Dios en la liberación del pueblo elegido y de su regreso a la tierra prometida. Como al salmista, a Jorge Fox le gustó el mundo natural que lo inspiró para usarlo como metáforas de la vida interior.

> "Cuando salió Israel de Egipto,
> La casa de Jacob del pueblo extranjero,
> Judá vino a ser su santuario,
> E Israel su señorío.
> El mar lo vio, y huyó;
> El Jordán se volvió atrás.
> Los montes saltaron como carneros,
> Los collados como corderitos.
> ¿Qué tuviste, oh mar, que huiste?
> ¿Y tú, oh Jordán, que te volviste atrás?
> Oh montes, ¿por qué saltasteis como carneros,
> Y vosotros, collados, como corderitos?
> A la presencia de Jehová tiembla la tierra,
> A la presencia del Dios de Jacob,
> El cual cambió la peña en estanque de aguas,
> Y en fuente de aguas la roca." (Salmos 114)

El segundo texto que hace eco aquí es el pasaje de Cantares 2:8:

> "¡La voz de mi amado! He aquí él viene
> Saltando sobre los montes,
> Brincando sobre los collados."

Otra vez vemos como Jorge Fox puede juntar la esperanza de liberación a la presencia de Dios ahora en el tiempo de sufrimiento.

Podemos ver que esta es una manera rica de encontrar las Escrituras, reconociendo el poder de las imágenes y símbolos en la Biblia. La escritura se convierte en el lenguaje del alma. Podemos ver como la Biblia provee a Jorge Fox de imágenes para describir esta vista interior. Su epístola nos invita a hacer una exploración interna. La historia en la Biblia es nuestra propia historia, la experimentamos de nuevo interiormente en nuestras propias vidas. Nosotros tenemos nuestro propio exilio y nuestro propio éxodo, cada uno recibe la promesa de consuelo y restauración.

Las Escrituras se convierten, como Roberto Barclay escribió, en un espejo. Aquí otra vez esta el primer párrafo de la epístola de Jorge Fox. Los invito a leerla una vez más después de escuchar sus ecos bíblicos.

Canten y alégrense, Hijos del Día y de la Luz, porque el Señor trabaja en esta noche densa de tinieblas que se palpan. La verdad florece como la rosa, los lirios crecen entre las espinas, las plantas encima de los montes, y sobre ellos los corderitos saltan y juegan.

Leer y Recordar

La vida espiritual incluye más que la capacidad de razonar. Como la poesía, la vida espiritual nos habla en un idioma simbólico, no en códigos secretos; sino en un tipo de comunicación en la cual las imágenes ofrecen más que su contenido literal.

Los primeros Amigos no escribieron mucha poesía, pero usaron el poder de los símbolos para expresar la profundidad de sus vidas espirituales. Para los primeros Amigos las Escrituras tenían este poder. Las historias de la Biblia son poderosas no sólo por su significado literal sino por lo que comunican respecto a la vida interior.

Leer las Escrituras es un acto de adoración. Debemos esperar en el Espíritu Santo para entender el significado que tiene para nosotros.

Los primeros Amigos hablaron de la "historia" y del "misterio" de las Escrituras. Los eventos de la Biblia o la "historia" tienen un significado para los fieles en el "misterio" o sea en la vida interior.

Dorothy White, una de las primeras Amigas que vivió en la época de Jorge Fox, escribió un texto en 1662 que se llama:

> *El sonido de una trompeta que salió de la ciudad santa proclamando liberación a los cautivos, anunciando la redención de Sion pronto, y es enviado a todos sus hijos benditos que esperan por su advenimiento, este mensaje de Bunas Nuevas de Dios el padre de nuestro Señor Jesús les ha enviado a todos ustedes.*

Este texto anuncia y alienta a los fieles que sufren. Dorothy White escribió este tratado un año antes de la epístola de Jorge Fox que vimos en el capítulo anterior. Este fue un tiempo de esperanzas destruidas. Los Cuáqueros y los Puritanos radicales habían sido optimistas para construir una sociedad bajo la dirección de Dios en Inglaterra durante el gobierno de Oliver Cromwell.

Después de la muerte de Oliver Cromwell la revolución social y religiosa se disuelve. Restaurada la monarquía, ésta y el parlamento vengativo no toleraron disidentes de la iglesia oficial estatal. Los Amigos sufrieron persecución severa bajo una serie de leyes cuyo intento fue destruir y erradicar a los grupos que se separaron de la iglesia Anglicana.

A pesar de estas condiciones externas desastrosas, Dorothy White y otros Amigos mantuvieron la esperanza basada en su experiencia interna de triunfo del bien sobre el mal. A pesar de las tribulaciones y persecuciones externas que los Amigos enfrentaron, el gran y tan esperado acto de redención había comenzado.

El escrito de Dorothy White usa muchos textos bíblicos; especialmente los últimos capítulos de Isaías y el libro del Apocalipsis. Estos libros fueron escritos para consolar a los fieles oprimidos y Dorothy White los usa para ofrecer consuelo a los Amigos. He aquí una porción de su tratado:

> *Y ahora ha venido la gloria a todas las naciones y la voz del esposo es oída en la tierra de los redimidos. Ellos como salieron de Egipto otra vez y se convirtieron en la primicia para Dios y para el Cordero. Ellos se levantarán en el poder glorioso, se levantarán con alas como de águilas. Ellos vendrán al santo monte donde prepararán un banquete de gruesos tuétanos. Ellos, como digo, subirán al monte Sion donde el cántico de Moisés y el Cordero se oyen ante su trono, quien ha parecido en su gloria eterna. Y son bondadosos todos aquellos cuyos pies estan sobre peña, el fundamento de Dios que está firme. Haré mi pueblo como el monte Sion dice el Señor de Santidad. Así como los muros estan alrededor de su pueblo. Y son bendecidos los que moran bajo la sombra del omnipotente.*

Casi en cualquier parte de este escrito podemos echar nuestras redes para pescar referencias bíblicas y sacar tantas que nuestro barco podría hundirse. Por lo mismo voy a elegir algunas referencias bíblicas en este texto, comenzaremos con este párrafo:

Y ahora ha venido la gloria a todas las naciones y la voz del esposo es oída en la tierra de los redimidos

Estas primeras palabras de Dorothy White nos recuerdan la profecía del libro de Isaías 66:18b que habla de la gloria de Dios que será manifestada a todos los pueblos. Para los primeros Amigos estas palabras del profeta Isaías reflejan sus propias experiencias de la Luz universal de Cristo.

"... tiempo vendrá para juntar a todas las naciones y lenguas; y vendrán, y verán mi gloria." (Isaías 66:18b)

Cuando habla del esposo se refiere a la parábola de las vírgenes prudentes e insensatas en Mateo 25:6-7. Esta parábola fue con frecuencia entendida para referirse al retorno de Cristo al fin del tiempo. Dorothy White entendió la venida como una realidad presente e interior. Ella dice ahora la voz se ha escuchado.

"Y a la medianoche se oyó un clamor: ¡Aquí viene el esposo; salid a recibirle! Entonces todas aquellas vírgenes se levantaron, y arreglaron sus lámparas." (Mateo 25:6-7)

Pero la voz que grita la llegada del esposo, no es la voz del esposo mismo. La frase "la voz del esposo" es mencionada en el evangelio de Juan 3:29, donde Juan el Bautista habla de Jesús como el esposo y del gozo de Juan por la llegada de Jesús.

> "El que tiene la esposa, es el esposo; mas el amigo del esposo, que está a su lado y le oye, se goza grandemente de la voz del esposo; así pues, este mi gozo está cumplido." (Juan 3:29)

Este gozo de la llegada del amado hace eco de los Cantares 2:12 donde el amado llama a su amada "levántate y ven." Para Dorothy White este amado es Cristo que es el amado del alma.

> "Se han mostrado las flores en la tierra,
> El tiempo de la canción ha venido,
> Y en nuestro país se ha oído la voz de la tórtola."
> (Cantares 2:12)

Ella continúa:

Como ellos salieron de Egipto otra vez y se convirtieron en la primicia para Dios y para el Cordero.

El esposo como Moisés en el éxodo, guía a los fieles fuera de la cautividad. El libro de Apocalipsis 14:4b usa el lenguaje de Éxodo para entender la condición difícil de los primeros cristianos bajo la persecución. Inspirada por el mismo Espíritu Santo, Dorothy White usa el lenguaje del Apocalipsis para entender la condición difícil de los primeros Amigos.

"Estos son los que siguen al Cordero por dondequiera que va. Estos fueron redimidos de entre los hombres como primicias para Dios y para el Cordero." (Apocalipsis 14:4b)

Dorothy continúa:

Ellos se levantarán en el poder glorioso, se levantarán con alas como de águilas.

Enfocándose en la imagen de ascenso, Dorothy White combina diferentes pasajes bíblicos. Los fieles se levantarán hasta alcanzar el trono celestial. La fuente de la primera frase puede ser de Isaías 60:1:

"Levántate, resplandece; porque ha venido tu luz,
y la gloria de Jehová ha nacido sobre ti."

La segunda frase hace eco en Isaías 40:31:

"pero los que esperan a Jehová tendrán nuevas fuerzas;
levantarán alas como las águilas;
correrán, y no se cansarán; caminarán, y no se fatigarán."

Otra vez, como otros Amigos en su época, Dorothy White interpretó los pasajes bíblicos que hablan del fin del tiempo como referencia a las realidades internas que pueden comenzar en el presente.

Los primeros Amigos tomaron la idea de la Biblia misma, especialmente del evangelio de Juan que dice con frecuencia que la vida eterna comienza ahora. (Juan 5:24; 6:40; 11:25-26)

Continúa diciendo:

> *Ellos vendrán al santo monte donde prepararán un banquete de gruesos tuétanos.*

La imagen del ascenso continúa, con el enfoque en el monte Sion. El Sion terrenal que Isaías amó fue el sitio del templo donde Dios eligió particularmente para morar y donde la presencia de Dios fue experimentada profundamente similar al Sion celestial que es apreciado en el libro de Apocalipsis donde la presencia de Dios es experimentada. Isaías habla de una celebración y cánticos.

> "Y Jehová de los ejércitos hará en este monte a todos los pueblos banquete de manjares suculentos, banquete de vinos refinados, de gruesos tuétanos y de vinos purificados." (Isaías 25:6)

Continúa diciendo:

> *Ellos, como digo, subirán al monte Sion donde el cántico de Moisés y el Cordero se oye ante su trono, quien ha parecido en su gloria eterna.*

En Apocalipsis 15:2-3 dice:

"Vi también como un mar de vidrio mezclado con fuego; y a los que habían alcanzado la victoria sobre la bestia y su imagen, y su marca y el número de su nombre, en pie sobre el mar de vidrio, con las arpas de Dios. Y cantan el cántico de Moisés siervo de Dios, y el cántico del Cordero."

Aquí tal vez podemos recordar el texto de este cántico glorioso en Apocalipsis 15 porque es probable que estuviera en el pensamiento de Dorothy White cuando ella escribió. Notamos que los temas de santidad, gloria y la unidad de todas las naciones se encuentran en su tratado.

"Grandes y maravillosas son tus obras, Señor Dios Todopoderoso; justos y verdaderos son tus caminos, Rey de los santos. ¿Quién no te temerá, oh Señor, y glorificará tu nombre? pues sólo tú eres santo; por lo cual todas las naciones vendrán y te adorarán, porque tus juicios se han manifestado." (Apocalipsis 15:3-4)

Continuando con el texto de Dorothy White:

Y son bondadosos todos aquellos cuyos pies estan sobre peña, el fundamento de Dios que está firme.

Además de su altura, los montes son símbolos de fortaleza, son rocas poderosas y fundaciones firmes. La imagen del monte hace una transición del tema de ascenso al tema de seguridad. Dorothy White combina varias fuentes bíblicas:

> "Y me hizo sacar del pozo de la desesperación, del lodo cenagoso; Puso mis pies sobre peña, y enderezó mis pasos." (Salmos 40:2)
>
> "Pero el fundamento de Dios está firme." (2 Timoteo 2:19)
>
> "Todo aquel que viene a mí, y oye mis palabras y las hace, os indicaré a quién es semejante. Semejante es al hombre que al edificar una casa, cavó y ahondó y puso el fundamento sobre la roca; y cuando vino una inundación, el río dio con ímpetu contra aquella casa, pero no la pudo mover, porque estaba fundada sobre la roca." (Lucas 6: 47-48)

El texto de Dorothy White concluye:

> *Haré mi pueblo como el monte Sion dice el Señor de Santidad. Así como los muros están alrededor de su pueblo. Y son bendecidos los que moran bajo la sombra del omnipotente.*

Aunque el Salmo tiene "montes" en vez de muros, parece que ella tenia en mente el Salmo 125:1-2:

"Los que confían en Jehová son como el monte de Sion,
Que no se mueve, sino que permanece para siempre.
Como Jerusalén tiene montes alrededor de ella,
Así Jehová está alrededor de su pueblo
Desde ahora y para siempre."

Ella parece también pensar en el Salmo 91:1:

"El que habita al abrigo del Altísimo
Morará bajo la sombra del Omnipotente."

La continuación del Salmo promete protección divina, liberación del lazo del cazador y rescate en tiempos de tribulación. Estos versículos del Salmo podrían haber estado en la memoria de Dorothy White cuando se refirió a los primeros versículos del Salmo.

Después de una mirada cuidadosa del pasaje de Dorothy White, se puede ver como su escrito está bien estructurado. A primera vista podría parecer hecho al azar, pero una segunda mirada muestra que su texto está organizado por imágenes tomadas de la Biblia, hay un movimiento de estas imágenes del ascenso a las montañas, después a la seguridad y finalmente a la protección divina. Esto prueba como ella leyó las Escrituras. Su texto completo sugiere que entre los primeros Amigos hubo un método de reflexionar sobre la Biblia que permitió que las palabras e imágenes de un pasaje les recordaran otros pasajes de la Biblia que tienen palabras e imágenes semejantes.

Un pasaje puede enriquecer el significado de otro pasaje, tejiendo un patrón de colores que reflejan el trabajo del Espíritu Santo en la vida de los Amigos. Dorothy White entendió las Escrituras como texto intrincadamente tejido.

Su lectura de las Escrituras formó su entendimiento de los acontecimientos de su propia vida, su experiencia a su vez dio forma a su lectura de los escritos. La relación es rica y compleja. La vitalidad Espiritual de los escritos de Dorothy White invita a considerar y a practicar su método de leer las Escrituras bíblicas en nuestro tiempo.

Leer y Reflexionar

Los primeros Amigos nos invitan a leer la Biblia, sus escritos que están llenos de citas bíblicas, nos animan a leerla como ellos lo hicieron ¿Cómo podemos acoger su método de leer y hacerlo nuestro?

Como lector puede encontrar su propia forma de leer como los primeros Amigos. Aquí se ofrecen algunas sugerencias que han sido útiles para otras personas y para mi propia experiencia:

1. Prepararse en espíritu de adoración.
2. Escuchar atentamente.
3. Enfocarse relajadamente.

Primero: Prepararse en espíritu de adoración

Yo acojo una disposición de adoración mientras me acerco al acto de la lectura, como Moisés en el monte Sinai, siento que estoy en un lugar santo donde espiritualmente quito mi calzado. Me encuentro en un estado de reverencia donde confieso la presencia de Dios, es aquí donde puedo escuchar a un nivel más profundo, como si la distancia entre el cielo y la tierra se fuera disminuyendo.

Segundo: Escuchar atentamente

Escuchar, cuando leo las Escrituras las escucho sin prisa, la meta no es leer mucho o leer rápidamente, no es una carrera para ver quien llega primero, sino como un camino en los montes en el cual se puede apreciar los detalles de la naturaleza como las flores, las nubes, las mariposas... donde no es necesario andar con prisa en este camino de la lectura porque ya se esta donde se desea estar, en la presencia de Dios que nos ama sin medida.

Esta manera de escuchar es como saborear las Escrituras. Tengo una amiga que vivió cerca de un restaurante que le gustó mucho, ella iba allí con frecuencia a comer la sopa, era tan sabrosa que ella pedía una cuchara pequeña en lugar de una grande para poder comer más despacio y así saborear la sopa. Escuchar las Escrituras es como leer con una cuchara pequeña.

Tercero: Enfocarse relajadamente

Leer de esta manera es estar enfocado y relajado al mismo tiempo. Es leer con atención y con receptividad; leer cuidadosamente las palabras es como si estuviéramos bañando a un bebé recién nacido. Al mismo tiempo leer con disposición para ir a donde las palabras nos indiquen, no sabemos a donde nos llevará; pero tenemos confianza en la guía. Estamos listos para ir a donde Díos nos lleve.

Poner a un lado nuestras propias expectativas porque estas nos limitan a experimentar nuestra relación con Díos. En una relación de amistad o de matrimonio, hay una tendencia de anticipar como va a responder la otra persona.

En lugar de ser receptivos a la otra persona, quien es en cierta manera, como un regalo divino que esta en crecimiento, tenemos la tendencia de prejuzgarla. Vivimos en una ficción porque nos negamos la experiencia para que la otra persona nos sorprenda con sus dones y cualidades, lo que lo hace más maravilloso y complejo que mi limitada percepción de la otra persona.

Del mismo modo, se puede leer la Biblia sin riesgos porque ya hemos decidido de antemano cual es el mensaje para nosotros en este encuentro. En vez de experimentar la presencia de Dios de una manera refrescante, experimentamos nuestras propias expectativas.

Prefiero experimentar lo que Dios tiene para mí en vez de mis propias expectativas. En resumen, leer como leyeron los primeros Amigos, es invitar a la presencia de Dios en nosotros, leer sin prisa, con paciencia y esperanza; recibir lo que Dios nos ofrece en este encuentro espiritual. Esto nos puede mover a algo maravilloso o alguna aflicción o a un gozo. Permitimos valientemente que el Espíritu Santo a través de las Escrituras toque nuestros más profundos sentimientos sin reservas.

¿Cuánto tiempo leemos? Si eres nuevo en este tipo de lectura, sería bueno comenzar con tiempos cortos. Demasiado tiempo puede resultar tedioso, la atención puede desvanecerse, se pierde enfoque y podemos aburrirnos. Comenzar con un tiempo que no nos canse para poder mantenernos enfocados, la meta en esta práctica no es fatigarse sino renovarse.

Aquí hay un ejemplo de la lectura reflexiva, inspirada por el ejemplo de Jorge Fox y Dorothy White. Como ella, intento prestar atención al texto bíblico, permitiendo que una palabra de un pasaje bíblico me lleve a otros pasajes que tienen imágenes similares. Lo que ofrezco no es un modelo, sino un ejemplo de cómo leer la Biblia como los primeros Amigos. El texto que voy a usar es el Salmo 126:

> *"Cuando Jehová hiciere volver la cautividad de Sion,*
> *Seremos como los que sueñan.*
> *Entonces nuestra boca se llenará de risa,*
> *Y nuestra lengua de alabanza;*
> *Entonces dirán entre las naciones:*
> *Grandes cosas ha hecho Jehová con éstos.*
> *Grandes cosas ha hecho Jehová con nosotros;*
> *Estaremos alegres.*
> *Haz volver nuestra cautividad, oh Jehová,*
> *Como los arroyos del Neguev.*
> *Los que sembraron con lágrimas, con regocijo segarán.*
> *Irá andando y llorando el que lleva la preciosa semilla;*
> *Mas volverá a venir con regocijo, trayendo sus gavillas."*

Tratar de leerlo con la inspiración de los primeros Amigos, aquí está:

> "Cuando Jehová hiciere volver la cautividad de Sion,
> Seremos como los que sueñan."

Hacer volver la cautividad de Sion significa cambiar su suerte, se refiere al regreso del exilio a la tierra prometida. Para aquellos cuyas vidas fueron restauradas por el regreso, pareciera como un sueño casi increíble. Cuando soñamos no estamos en control, las cosas pasan. Cuando Dios nos restaura o nos libera de la cautividad nos regresa al Sion espiritual, la restauración viene gratis, honesta en nuestras manos; no estamos en control como en el sueño que puede parecer irreal, pero es real.

La Biblia habla en otros lugares de la restauración usando la expresión similar "hacer volver la cautividad" en Deuteronomio 30:3-6. Cuando usa esta expresión habla sobre la misericordia de Dios es para recoger a los exiliados esparcidos y cambiar sus corazones para que amen a Dios con todo su corazón y alma a fin de que vivan.

El profeta Jeremías entendió la expresión de una manera semejante.

> "Y seré hallado por vosotros, dice Jehová, y haré volver vuestra cautividad, y os reuniré de todas las naciones y de todos los lugares adonde os arrojé, dice Jehová; y os haré volver al lugar de donde os hice llevar." (Jeremías 29:14; 30:17-19)

"Mas yo haré venir sanidad para ti, y sanaré tus heridas, dice Jehová; porque desechada te llamaron, diciendo: Esta es Sion, de la que nadie se acuerda. Así ha dicho Jehová: He aquí yo hago volver los cautivos de las tiendas de Jacob, y de sus tiendas tendré misericordia, y la ciudad será edificada sobre su colina, y el templo será asentado según su forma. Y saldrá de ellos acción de gracias, y voz de nación que está en regocijo, y los multiplicaré, y no serán disminuidos; los multiplicaré, y no serán menoscabados."
(Jeremías 30:17-19)

Hacer volver la cautividad de Sion, trae consigo imágenes poderosas de regresar a su propia tierra, de regocijo, de reunión, de reconstrucción, de compasión, de amor, de salud y de bienestar. Cada una de estas palabras es una invitación a explorar como la vida interior experimenta la presencia de Dios en estas condiciones.

Una vez tuve que salir de mi casa por razones de trabajo por más de tres semanas, no fue un exilio; pero el regresar a casa fue una ocasión de mucho gozo por reunirme con mi familia. Esto llenó mi corazón de gratitud a Dios. La memoria de esta y otras experiencias encienden de nuevo el deseo de sentir la presencia de Dios una vez más.

Entonces nuestra boca se llenará de risa,
Y nuestra lengua de alabanza;
Entonces dirán entre las naciones:
Grandes cosas ha hecho Jehová con éstos.

La risa es una respuesta espontánea de gozo o alivio. Como soñar, la risa no está bajo control, al menos no totalmente. Este versículo nos recuerda que la vida al final no será una tragedia, por último hay esperanza.

La palabra alabanza en este versículo nos trae a la mente otro Salmos como

"Cantad a Jehová con alabanza,
Cantad con arpa a nuestro Dios." (Salmo 147:7)

"Alabad a Dios en su santuario;
Alabadle en la magnificencia de su firmamento.
Alabadle por sus proezas;
Alabadle conforme a la muchedumbre de su grandeza.
Alabadle a son de bocina;
Alabadle con salterio y arpa.
Alabadle con pandero y danza;
Alabadle con cuerdas y flautas.
Alabadle con címbalos resonantes;
Alabadle con címbalos de júbilo.
Todo lo que respira alabe a JAH.
Aleluya." (Salmo 150)

"Alabad a Jehová desde los cielos;
Alabadle en las alturas.
Alabadle, vosotros todos sus ángeles;
Alabadle, vosotros todos sus ejércitos.
Alabadle, sol y luna;
Alabadle, vosotras todas, lucientes estrellas.
Alabadle, cielos de los cielos,
Y las aguas que están sobre los cielos." (Salmo 148:1-4)

El gozo y la alabanza del salmista están revelados en todo el universo, las estrellas, los animales, la música, la naturaleza se juntan en este cántico de alegría.

> *Grandes cosas ha hecho Jehová con nosotros;*
> *Estaremos alegres.*

Este versículo a la vez nos recuerda el cántico de María en el primer capitulo del Evangelio de Lucas:

> "Engrandece mi alma al Señor;
> Y mi espíritu se regocija en Dios mi Salvador.
> Porque ha mirado la bajeza de su sierva;
> Pues he aquí, desde ahora me dirán bienaventurada todas las generaciones.
> Porque me ha hecho grandes cosas el Poderoso;
> Santo es su nombre." (Lucas 1:46-49)

Este pasaje me invita a considerar las grandes cosas que Dios ha hecho en mi vida. Mi vida es una vida ordinaria, por eso estas grandes cosas son principalmente milagros cotidianos como el nacimiento de mis hijos. Los primeros Amigos hablan del nacimiento de Cristo en el alma ¿de qué manera somos llamados como María a dar nacimiento a Cristo en nosotros?

Continuando con el Salmo 126:4

> *Haz volver nuestra cautividad, oh Jehová,*
> *Como los arroyos del Neguev.*

El Neguev es una región árida al sur de Israel, una región olvidada. Los arroyos están secos la mayor parte del año; pero en estaciones de lluvia, el agua corre por su cauce, como los arroyos en el desierto de Nuevo México y Arizona. "Hacer volver nuestra cautividad" significa cambiar nuestra suerte, esto es experimentar el agua de vida después de una estación interior árida. Como la mujer samaritana, en el Evangelio de Juan, anhelamos el agua de vida que nos será como una fuente de agua que salte para vida eterna. (Juan 4:14) Al igual que el salmista nuestra alma tiene sed del Dios vivo, "como el siervo brama por las corrientes de las aguas." Lágrimas fueron nuestro pan de día y de noche. (Salmo 42:1-2)

Regresando al Salmo 126:5-6:

> *Los que sembraron con lágrimas, con regocijo segarán.*
> *Irá andando y llorando el que lleva la preciosa semilla;*
> *Mas volverá a venir con regocijo, trayendo sus gavillas.*

Mientras reflexiono en estas palabras del Salmo, las palabras que se quedan en mí, son: lágrimas, sembrar, regocijo y segar. Mi mente recuerda pasajes como Lucas 6:21b:

"Bienaventurados los que ahora lloráis, porque reiréis."

Los que "lloran ahora" incluye a María Magdalena junto al sepulcro de Jesús, sus lágrimas se transformaron en gozo cuando el jardinero resultó ser Jesús (Juan 20:11). Jesús mismo lloró en la tumba de Lázaro antes de resucitarlo de la muerte. El cautiverio es un tipo de muerte ya sea el exilio de Israel en Babilonia o una prisión en Inglaterra en el siglo XVII o una esclavitud interior; el cautiverio no promueve la vida. Cuando Dios restaura el estado del alma, es una resurrección, un renacimiento, una libración de lo que nos esclaviza. En el Salmo 30:35b se encuentra esta transformación:

> "Por la noche durará el lloro,
> Y a la mañana vendrá la alegría."

Esta imagen la podemos ver en Apocalipsis 7:14-17 que retoma también el tema del agua:

> "Yo le dije: Señor, tú lo sabes. Y él me dijo: Estos son los que han salido de la gran tribulación, y han lavado sus ropas, y las han emblanquecido en la sangre del Cordero. Por esto están delante del trono de Dios, y le sirven día y noche en su templo; y el que está sentado sobre el trono extenderá su tabernáculo sobre ellos. Ya no tendrán hambre ni sed, y el sol no caerá más sobre ellos, ni calor alguno; porque el Cordero que está en medio del trono los pastoreará, y los guiará a fuentes de aguas de vida; y Dios enjugará toda lágrima de los ojos de ellos."

En resumen, al igual que el salmista, podemos sembrar con esperanza, que a pesar de las cosas que nos traen lágrimas, podemos tener confianza en una buena cosecha. Podemos sembrar paz como dice Zacarías 8:12, nosotros podemos sembrar justicia para cosechar misericordia. (Óseas 10:12)

Esta lectura reflexiva es sólo un ejemplo. Lo más importante es que ustedes encuentren su propia manera de reflexionar en la Biblia. Una vez más los invito a leer el Salmo 126 inspirados en el estilo que los primeros Amigos usaron. Lee el Salmo de tal manera que encuentres el Espíritu Santo que nos ha dado las Escrituras.

Salmos 126

"Cuando Jehová hiciere volver la cautividad de Sion,
Seremos como los que sueñan.
Entonces nuestra boca se llenará de risa,
Y nuestra lengua de alabanza;
Entonces dirán entre las naciones:
Grandes cosas ha hecho Jehová con éstos.
Grandes cosas ha hecho Jehová con nosotros;
Estaremos alegres.
Haz volver nuestra cautividad, oh Jehová,
Como los arroyos del Neguev.
Los que sembraron con lágrimas, con regocijo segarán.
Irá andando y llorando el que lleva la preciosa semilla;
Mas volverá a venir con regocijo, trayendo sus gavillas."

LEER JUNTOS

Se puede leer la Biblia con la ayuda e inspiración de algunos Amigos actuales como los primeros Amigos. Como hemos visto, la lectura reflexiva de la Biblia es un ejercicio de prestar atención de la memoria y la receptividad de la presencia de Dios. Cuando nos reunimos en grupo para la lectura, cada cualidad puede ser amplificada y nos abre a una experiencia más profunda.

El Cuaquerismo siempre ha valorado la experiencia de la vida espiritual en grupo. El énfasis en este valor del grupo se revela en la práctica del silencio. Este capítulo describe un método de leer reflexivamente en grupo. Por lo que sé, este método no fue usado entre los primeros Amigos; pero en mi experiencia con muchos grupos esta práctica ha sido útil para entender cómo los primeros Cuáqueros experimentaron el poder de la Biblia. Esta práctica es un modo de leer en grupo que pone atención al poder de las imágenes en las Escrituras que nos hace conscientes de la presencia de Dios. He aquí algunas sugerencias.

Primero juntemos un grupo de hermanos y hermanas con quienes nos sintamos en confianza en la vida espiritual. Definamos de antemano cuanto tiempo va a durar la adoración. Para comenzar nos reuniremos en silencio reverente y de adoración. Cuando una persona se sienta movida por el Espíritu Santo, leerá un pasaje corto de la Biblia, esta persona podrá ser elegida de antemano o el grupo podrá comenzar sin planear quién será el primero en leer. Los demás en el grupo recibirán esta lectura, la escucharán con un espíritu de humildad, atentas a las imágenes del pasaje bíblico, las reflexionarán en su mente y corazón.

Después de un silencio reverente, si algo en el pasaje de las Escrituras les recuerda otras imágenes en la Biblia misma, las podrán ofrecer al grupo.

Se puede leer o compartir de memoria, no tengan miedo de compartirlo si sienten que no recuerdan el pasaje con exactitud. Tengan confianza de que Dios los está guiando.

Después de un silencio reverente, la práctica continuará, todos buscarán escuchar con profundidad las palabras y permitirán que el Espíritu Santo se mueva a través de las palabras bíblicas y toque sus corazones. Los demás en el grupo leerán cuando se sientan guiados por el Espíritu Santo. Con frecuencia se podrá desarrollar un tema o más.

Después del tiempo pactado, la persona designada para terminar este tiempo de lectura reflexiva, cerrará con una oración. Algunas veces hay miembros en nuestra iglesia que les gusta la idea de esta práctica, pero tienen miedo de no conocer la Biblia lo suficiente para participar. El conocimiento de la Biblia del grupo en su conjunto es tan basto que hace que esta práctica funcione. Nuestra capacidad de recordar es más fuerte de lo que creemos, especialmente cuando estamos bajo la guía del Espíritu Santo. El punto no es demostrar cuanto conocimiento de la Biblia yo tengo, no es una competencia, sino es un esfuerzo para experimentar el poder de Dios a través de las Escrituras.

Otros grupos que practican esta lectura reflexiva, encuentran útil permitir algunos comentarios cortos del pasaje de la Biblia. Escuchar la importancia de un pasaje para una persona, puede engrandecer el significado del pasaje que permite que otros miembros del grupo puedan identificarse. Para otros grupos las palabras bíblicas son suficientes para que Dios trabaje en su corazón en el silencio reverente. Cada grupo puede decidir su método.

Este es un ejemplo de un grupo que utilizó este modo de lectura reflexiva de la Biblia; haciendo una pausa entre cada pasaje bíblico, este ejercicio duró casi 15 minutos. Les invito a leer como si fueran participantes de este grupo, si es posible lean en voz alta, lentamente, si algunas imágenes o expresiones les nutren, tomen el tiempo para saborearlas, si otros pasajes vienen a su mente, compártanlos.

"Bienaventurados los pobres en espíritu, por que de ellos es el reino de los cielos." (Mateo 5:3)

"Y mi espíritu se regocija en Dios mi Salvador." (Lucas 1:47)

"Entonces Jesús les dijo otra vez: Paz a vosotros. Como me envió el Padre, así también yo os envío. Y habiendo dicho esto, soplo, y les dijo: Recibid el Espíritu Santo." (Juan 20:21-22)

"Y la paz de Dios, que sobrepasa todo entendimiento, guardará vuestros corazones y vuestros pensamientos en Cristo Jesús." (Filipenses 4:7)

"Saldrá una vara del tronco de Isaí, y un vástago retoñará de sus raíces. Y reposará sobre él el Espíritu de Jehová; espíritu de sabiduría e inteligencia, espíritu de consejo y de poder, espíritu de conocimiento y de temor de Jehová." (Isaías 11:1-2)

"Entonces respondió y me habló diciendo: Esta es palabra de Jehová a Zorobabel, que dice: No con ejército, ni con fuerza, sino con mi Espíritu, ha dicho Jehová de los ejércitos." (Zacarías 4:6)

"Y juzgará entre las naciones, y reprenderá a muchos pueblos; y volverán sus espadas en rejas de arado, y sus lanzas en hoces; no alzará espada nación contra nación, ni se adiestrarán más para la guerra." (Isaías 2:4)

"Bienaventurados los pacificadores, porque ellos serán llamados hijos de Dios." (Mateo 5:9)

En esa ocasión estos fueron los temas que emergieron: Espíritu, paz, fuerza. Es posible que otro grupo que use el mismo versículo de Mateo pueda desarrollar otra cadena de versículos e imágenes bíblicos, como la palabra "bienaventurados," "pobres" o "reino de los cielos." La experiencia de cada grupo es diferente e impredecible.

Cuando miramos los escritos de Jorge Fox y Dorothy White en los primeros capítulos, vemos que el significado de una cita de la Biblia fue más grande cuando recordamos su contexto en el libro bíblico, por ejemplo, la expresión en el libro de Zacarías "canta y alégrate" contiene una promesa de esperanza para los exiliados.

Si algunas de las citas bíblicas del ejemplo de la reunión para la lectura reflexiva no son familiares, pueden explorarlas en su contexto. Lean nuevamente los pasajes del ejemplo para ver si su experiencia es diferente.

Para poder apreciar la dimensión de la lectura reflexiva de la Biblia en grupo, uno tiene que practicarla en grupo, sólo viviéndola se puede experimentar el gozo de estar con otros fieles que estén escuchando juntos en el Espíritu de Cristo que nos dijo "donde estén dos o tres congregados en mi nombre ahí estoy yo en medio de ellos."

Leer para ser Transformado

En todas las oraciones sinceras nos ofrecemos a ser transformados. Cuando invocamos al Espíritu Santo para que nos guíe durante nuestra lectura, pedimos crecer espiritualmente. Es una invitación a Dios para cambiar nuestra vida.

La oración quieta

Una cosa que puede pasar como resultado de esta lectura, es que se puede engrandecer nuestra manera de orar. Hay muchas maneras de orar, a veces hablamos, a veces escuchamos. Esta practica de estar quietos con una palabra o imagen de la Biblia que nos mueve cuando leemos es una forma de la oración de escuchar. Esta forma de orar se puede llamar oración quieta como lo dice el salmista "estad quietos y conoced que yo soy Dios." (Salmos 46:10)

En esta oración estamos dispuestos a recibir lo que Dios quiere dar, aunque este regalo no sea entendido inmediatamente. A veces el estar quieto con una palabra bíblica, por ejemplo la imagen de Dios como pastor (Salmo

23:1) o como roca (Salmo 19:14) o como madre (Salmo 131:2; Isaías 49:15) o águila (Deuteronomio 32:11; Éxodo 19:4) permite que Dios trabaje en nosotros en el limite de nuestra conciencia. Después de esta oración tenemos un sentido de que la sanidad está ocurriendo, aunque no podemos verla, Dios está trabajando en nosotros, como cuando tomamos medicinas, solo sentimos los resultados. Nos deja un sentido de gratitud y reverencia a Dios.

Dando palabras a la experiencia

La lectura reflexiva de la Biblia además de la oración quieta, puede darnos el lenguaje para entender experiencias espirituales que antes no podíamos describir, por ejemplo en el segundo capitulo de Marcos encontramos la historia en que Jesús sanó al paralítico, Jesús estaba en casa, en Capernaum, rodeado de una multitud tan grande que ya no cabían ni aun en la puerta, las personas que traían a un paralítico al ver que no podían entrar, subieron al techo de la casa e hicieron una abertura y bajaron el lecho donde estaba el paralítico. Jesús vio su fe y lo sanó de su parálisis física y de la parálisis del alma proclamando el perdón de sus pecados.

Recuerdo vivamente haber leído esta historia en un tiempo de parálisis emocional. Estaba lamentando muy profundamente la muerte de un ser querido, mi madre. Generalmente yo soy una persona alegre, pero en ese momento sentí poco gozo. La muerte ensombreció mi alma y sentí un vacio. El amor y el apoyo de mi familia y amigos siempre estuvo conmigo, que cuando leí la historia de Marcos me di cuenta que ellos estaban haciendo una abertura en el techo bajándome para que puediera ser sanado, su fe me sostuvo. Esta historia me permitió entender lo que estaba pasando en mi vida, dando palabras a mi experiencia, como resultado pude levantarme, tomar mi lecho e irme a la casa. Pude moverme más allá de mi parálisis de dolor. En las palabras de Roberto Barclay miré en el espejo de las Escrituras y encontré la similitud entre mi vida espiritual y la de nuestros antepasados en la fe.

Como vivir las Escrituras

Más allá del tiempo reservado para la lectura, esta practica espiritual nos invita a vivir la Biblia, por ejemplo después de leer reflexivamente la resurrección de Lázaro en Juan 11, podemos vivir esta historia interiormente, nosotros podríamos ser Lázaro y regresar a la vida de entre los muertos ¿cómo veríamos el mundo después de esta experiencia? Tal vez podemos apreciar la vida como un regalo precioso de Dios y tal vez la creación como un patrimonio de Dios.

De la misma manera que leemos las Escrituras, escuchando al Espíritu Santo que las ha inspirado, podemos estar atentos al mismo Espíritu de Dios en nuestra vida.

Podemos buscar nuestra vida en la Biblia y podemos descubrir la Biblia en nuestra vida, por ejemplo, cuando yo preparo la cena para mi familia, si lo hago con reverencia esta actividad cotidiana puede ser una puerta a la presencia de Dios. Cuando cocino puedo celebrar la abundancia de la creación, cuando mezclo las especies en los vegetales me recuerda al olor grato de la ofrenda de la tarde en Éxodo 29, donde Dios promete reunirse con los fieles. Mi vida me trae a la Biblia así como la Biblia me trae a la vida.

Las personas de la Biblia ya no viven, pero hay personas alrededor de nosotros que viven en el mismo espíritu que vivieron los personajes bíblicos. Por que si prestamos atención a los movimientos del Espíritu Santo podemos descubrir que aunque la profetiza María, hermana de Aarón y Moisés ya no está con nosotros, hay sus hijas espirituales que todavía entonan los cantos de liberación, de poder y de triunfo de Dios. Los tiempos de Rut están en el pasado, pero sus herederos espirituales en nuestro tiempo renuevan la vida y traen gozo a la "Noemí" entre nosotros.

A través de la lectura de la Biblia podemos identificar a los profetas actuales que Dios ha puesto en nuestro camino espiritual.

Juan Woolman, que vivió un siglo después de los primeros Amigos, es un ejemplo de este método de lectura reflexiva. A medida que él leía la Biblia, sentía una simpatía muy cercana con los personajes bíblicos especialmente el profeta Jeremías, como resultado él vivió como el profeta en su época, declarándose en contra de las idolatrías de su tiempo como la riqueza, el deseo de poder y contra la injusticia, fue una voz con los oprimidos, los esclavos, los pobres y los indígenas en la proclamación de la justicia de Dios. Al igual que Juan Woolman, cuando escuchamos al Espíritu Santo que está en la Biblia y en nuestra vida, podemos descubrirnos a ser llamados a construir puentes a través de las divisiones raciales y étnicas, a participar en el esfuerzo para construir una sociedad más justa y cristiana.

Al igual que los primeros Amigos podemos buscar unir la vida interior de oración y la vida exterior de mejorar a la sociedad. Con la misma inspiración que los primeros Amigos leyeron la Biblia, encontramos que la transformación espiritual guía a la reformación social por que el amor de Dios que encontramos en la lectura de la Biblia nos envía a amar el mundo.

APÉNDICE

EPÍSTOLAS DE MARGARITA FELL

Aquí están dos epístolas de Margarita Fell, una líder de los primeros Amigos. A los lectores que quieren leer más ejemplos del uso de la Biblia entre los primeros Amigos, las epístolas de Margarita Fell les muestran una vida formada profundamente de las Escrituras. En su testimonio sobre su conversión a las enseñanzas de los Amigos, habló sobre su primer encuentro con Jorge Fox, que estaba predicando.

Dijo: "Cómo Cristo es la Luz del mundo e ilumina a toda persona que viene al mundo y que por esta Luz todos podrían ser reunidos con Dios". Y yo me puse de pie y me admiré de esta enseñanza, ya que nunca había oído tal. Y continuó y abrió las Escrituras y dijo, "Las Escrituras fueron las palabras de los profetas, y de Cristo, y de los apóstoles, y lo que hablaron, lo gozaban y lo poseían y lo recibieron del Señor." Y dijo, "Entonces ¿quién tendría que ver con las Escrituras sino en cuanto haya venido al Espíritu que las dio?. Tú dirás, 'Cristo dice esto, y los apóstoles dicen aquello', pero ¿qué puedes decir tú? ¿Eres hijo de la Luz, y has andado en la Luz, y lo que hablas es internamente de Dios?" Esto me abrió y me hirió el corazón; y entonces vi claramente que todos éramos culpables. Me senté en el banco otra vez y lloré amargamente. Clamé en mi espíritu al Señor, *"Todos somos ladrones, todos somos ladrones; hemos tomado las Escrituras como palabras pero no conocemos nada de ellas en nosotros adentro."* (El Testimonio de Margarita Fell sobre su esposo difunto, 1694.)

Margarita Fell es recordada como la madre de los Amigos. Trabajó y escribió mucho. Por ejemplo, en el año 1659 Margarita Fell y sus hijas organizaron una petición contra el diezmar, que era como impuestos para la iglesia apoyada por el gobierno. Siete mil mujeres firmaron este documento. En el año 1660 escribió su Declaración sobre el testimonio de paz y se la entregó en persona al rey Carlos II. Trece líderes de los Amigos firmaron el documento, entre ellos Jorge Fox. Son claras las fuentes bíblicas de las enseñanzas de los Amigos sobre la paz. Jesucristo es "el capitán de nuestra salvación" y lucha contra el mal, pero sus "armas no son carnales, sino espirituales." Como discípulos de Cristo, los Amigos pueden esperar persecución y sufrimiento, pero no hacen violencia a otros.

"Somos un pueblo que sigue las cosas que promueven la paz, el amor, y la unidad. Nuestro deseo es que otros pies anden en lo mismo. Renunciamos y atestiguamos contra toda lucha, toda guerra, y todo conflicto, que resulta de las

pasiones que combaten en los miembros (Santiago 4:1), que combaten dentro del alma."

"Eso esperamos y aguardamos para todas las personas. Amamos y deseamos lo bueno para todos. Nuestros sufrimientos no han sido por ninguna otra causa sino para las almas de todos. Por eso hemos sido contados entre los transgresores (Isaías 52:12) y considerados como corderos para el matadero (Isaías 53:7), como fue nuestro Señor y Maestro, el capitán de nuestra salvación (Hebreos 2:10. Así es en Hebreos 2.10 en la versión inglesa que usaban los Amigos), quien ha salido delante de nosotros. Y aunque era Hijo, por lo que padeció aprendió la obediencia (Hebreos 5:8). Dijo, "Mi reino no es de este mundo; si mi reino fuera de este mundo, mis servidores pelearían, pero mi reino no es de aquí" (Juan 18:36). Es él que no viene para destruir las almas de los hombres, sino para salvarlas (Lucas 9:56). Es él que es nuestro Señor y Maestro, cuyo testimonio debemos sellar con nuestra propia sangre, si se exige de nosotros. Nuestras armas no son carnales, sino espirituales (2 Corintios 10:4). ... La traición, la perfidia y la falsedad renunciamos completamente-falsedad, suspicacias (v. 1 Timoteo 6.4), y conspiración contra cualquier criatura en la faz de la tierra." (Una Declaración e información de nosotros, el pueblo de Dios, llamado los amigos, a los gobernantes actuales, el rey, y las cámaras del parlamento, 1660.)

También ella escribió epístolas de consejo espiritual. Aquí siguen dos.

Epístola a los prisioneros en el castillo de Lancaster, 1654

Margarita Fell escribió esta epístola a los Amigos que fueron prisioneros a causa de su fe en 1654. El enfoque de esta carta parece ser reflexión sobre los prisioneros del libro de Daniel que fueron fieles en persecución y a quien Dios conservó. Otras imágenes de Daniel son tejidas con otros hilos bíblicos, especialmente algunos del evangelio de Juan. Ella ofrece a sus lectores un retrato del alimento, fortaleza, y protección de Dios.

"Queridos hermanos, en la verdad inalterable, eterna, poderosa de Dios, mi amor les saluda en la unión divina. Estoy presente con ustedes, que son obedientes a la medida de la Luz eterna, que nunca se cambia, y permanece en la unidad del Espíritu, en el vínculo de la paz (Efesios 4:3), que nunca puede ser roto, ni ser tomado de ustedes. Aquí está la libertad, que el mundo no conoce. En la medida de Dios en cada momento particular, manifestado, obedecido, y vivido, mi amor mana libremente a ustedes. Mis queridos corazones, sean fieles en cada momento particular en su propia medida de gracia, manifestado y disfrutado; y en lo que es eterno, esperen continuamente. Les encargo en la presencia de Dios vivo, que ustedes no descuiden sus varias medidas, que el Señor Dios de vida y poder les ha dado a ustedes para ganar, para que ustedes puedan recibir la virtud viva del Dios vivo, y sean alimentados con el pan vivo (Juan 6:51), y beban del agua viva (Juan 4:10) de la roca espiritual, de la cual ellos bebieron en el desierto (1 Corintios 10:4; Éxodo

17:1-7). *Y estén sujetos y pacientes y no miren fuera, ni estén cansados, ni duden, porque ustedes sufren para el mismo Dios, y por Él mismo ustedes son salvados, por lo que Daniel, Sadrac, Mesac, y Abed-nego eran salvados. (Daniel 3) Y por el mismo Espíritu ustedes son conservados, por lo quien ellos fueron conservados. Por lo tanto estén de pie fiel y valientes para la verdad sobre la tierra (Jeremías 9:3), que hiere la fundación de todo engaño e idolatría. Y en la Luz eterna pura de Dios permanezcan, que es la piedra cortada de la montaña sin manos, que hiere los pies de la imagen (Daniel 2), que es la parte desobediente, que miró fuera del eterno, y es cerrada de Dios, y que la voluntad del hombre (Juan 1:13) levantó. Y en Él que es eterno e invisible, que derroca y derriba todas las fundaciones, está su fuerza, y victoria, y conquista, que es la condenación del mundo. (Juan 12:31) Y este debe santificarles, y justificarles, y presentarles puros y santos a su vista. Y aquí está su seguridad, y aquí está su paz y alegría, y la herencia eterna que nunca se desvanece. Y que el Señor Dios de poder les guarde, y les mantenga fieles y valientes a su gloria eterna, a quien sean alabanzas eternas para siempre."*

Epístola para Guillermo Osborne, 1657

Esta epístola comienza como una reflexión sobre la historia de Juan el Bautista en Lucas 3:1-9. En esta porción se encuentran los temas centrales de esta epístola: árboles, frutos, raíces, y la preparación del camino del Señor.

Dos veces en esta epístola insiste Margarita Fell que se deba leer las Escrituras internamente. La historia de la iglesia en la Biblia es también la historia interior del alma. Las buenas nuevas se repiten en la vida de los creyentes.

Una idea central de esta epístola es el crecimiento interno. Se trata de la lucha entre lo bueno y lo malo en el corazón. Ahí necesita cortarse las raíces del árbol que no da buenos frutos. Se debe limpiar el corazón para ver lo que está ahí. Dios limpia la vid interior para que crezca ella, como la sangre de Cristo nos limpia de pecado.

¿Pero cómo podemos llegar a esta victoria interior, en la lucha contra el primer Adán (1 Corintios 15) y contra el dragón (Apocalipsis 12)? Margarita Fell les dirige a sus lectores que se mantengan humildes, que se queden quietos en la Luz y en la fuerza que viene de Dios, y que sean fieles a la medida que Dios repartió a cada uno de ellos. (véase Romanos 12.3)

Mi cariño es para ti, querido corazón. Atiende y sé fiel a la medida de la buena palabra de Dios que recibiste, para que por ella puedas ver cortado lo que es contrario. Mantén el hacha que está puesta a la raíz del árbol para que se produzcan frutos dignos de arrepentimiento. (Lucas 3:8-9) Que clame la voz en el desierto, para que se corte todo árbol que crezca allá. Así se prepara el camino para Él, y se hace derechas sus sendas, y se baja todo monte y colina, y los caminos torcidos son enderezados. (Lucas 3:5) Esto debes leer por dentro, por que esta voz es el mensajero que va delante de Él (Marcos 1:2), para preparar el camino para Él que bautiza con fuego y Espíritu Santo. (Mateo 3:11) Por eso guarda una postura baja y humilde para que el árbol, que no puede dar malos frutos eche raíces abajo y arriba. De esta manera puede ser recto tu crecimiento, arraigado y cimentado (Efesios 3:17) sobre la roca (Lucas 6:48) inmóvil, la cual no pueden derribar las tempestades y las tormentas. Así que cuando vienen las pruebas y tribulaciones (2 Corintios 8:2), podrás conocer una morada segura, una porción, y una fuerza viva en el Señor, y una paz pura que no se puede quitar de ti. Por eso, mi corazón querido, atiende humildemente en el temor del Señor. Haz el ayuno del Señor para que se suelten las cargas pesadas, que se desaten las ligaduras de impiedad, que tengan los oprimidos la libertad, que tengan los hambrientos el pan, y que se satisfagan las almas sedientas. (Salmos 42:2) Tienes que leer esto en tu seno. Por eso asegura y limpia tu casa, ya que el que gobierna bien su casa (1 Timoteo 3:2) es digno de doble honor. (1 Timoteo 5:17) No pongas la luz encendida debajo de una cama, ni bajo un cajón, sino sobre el candelero para que se vea todo lo que está en la casa. (Marcos 4:21) De esta manera se pueden derrotar los enemigos. Ya que verás dos naciones en tu seno, y el mayor servirá al menor. (Génesis 25:23) Así sigue en el juicio puro para que el primer hombre (1 Corintios. 15:47) siga siendo siervo, y para que la tierra ayude a la mujer. (Apocalypsis 12:16) Por eso, mi querido corazón, mantente bajo y humilde, a tu propia medida, donde haya la unidad, para que surja *la planta pura, que plantó mi Padre celestial. Y toda planta que no plantó Él, que sea desarraigada. (Mateo 15:13) Toda planta que plantó, la limpiará. (Juan 15:2)"*

"Así vive y anda en la Luz, donde está la purificación, donde limpia y lava la sangre. Aquí tenemos comunión y unidad. (1 Juan 1:7) Que el Señor Dios de la vida y poder te mantenga fiel y obediente, y humilde en su temor para atender en la fe pura que no hace odiar; pero mantente quieto donde está la fuerza. Eso es lo que vence. Que te mantenga fiel el Dios eterno poderoso para que atestigües un crecimiento en lo eterno para que seas un instrumento de su gloria."

Bibliografía

Barclay, Roberto, *Apology for True Christian Divinity*, Proposición 3: Sección 5, Londres, 1678.

Jones, T. Canby, (redactor), "Epístola 227," *The Power of the Lord Is Over All: The Pastoral Letters of George Fox*, Richmond, Indiana: Friends United Press, 1989.

Garman, Mary; Applegate, Judith; Benefiel, Margaret; Meredith, Dortha (redactores), *Hidden in Plain Sight: Quaker Women's Writings 1650-1700*, "El sonido de una trompeta que salió de la ciudad santa . . . por Dorothy White," Wallingford, Pennsylvania: Pendle Hill, 1996.

Santa Biblia, Reina-Valera, Revisión 1960.

www.ingramcontent.com/pod-product-compliance
Lightning Source LLC
Chambersburg PA
CBHW032214040426
42449CB00005B/598